Natália Maccari

Os Símbolos da Páscoa

Dados Internacionais de Catalogação na Publicação (CIP)
(Câmara Brasileira do Livro, SP, Brasil)

Os símbolos da Páscoa / idealização e coordenação
Natália Maccari ; [redação Suely Mendes Brazão ; ilustrações
Enrique S. Martin]. — 11. ed. — São Paulo : Paulinas, 2013. — (Coleção
Símbolos)

Bibliografia
ISBN 978-85-356-3495-2

1. Arte e simbolismo cristão 2. Páscoa – Celebração I. Maccari,
Natália. II. Brazão, Suely Mendes. III. Martin, Enrique S.. IV. Série.

13-03170   CDD-242.36

Índice para catálogo sistemático:
1. Símbolos da Páscoa : Cristianismo   242.36

Redação: Suely Mendes Brazão
Ilustrações: Enrique S. Martin

11ª edição – 2013
4ª reimpressão – 2022

Nenhuma parte desta obra poderá ser reproduzida ou transmitida por qualquer forma e/ou quaisquer meios (eletrônico ou mecânico, incluindo fotocópia e gravação) ou arquivada em qualquer sistema ou banco de dados sem permissão escrita da Editora. Direitos reservados.

Paulinas
Rua Dona Inácia Uchoa, 62
04110-020 – São Paulo – SP (Brasil)
Tel.: (11) 2125-3500
http://www.paulinas.com.br – editora@paulinas.com.br
Telemarketing: 0800-7010081
© Pia Sociedade Filhas de São Paulo – São Paulo, 1996

INTRODUÇÃO

A palavra "Páscoa" vem do hebraico *Pessach* e significa "passagem".

A *Pessach* era vivamente comemorada pelos judeus do Antigo Testamento, e ainda hoje os israelitas a relembram todos os anos.

Que importante "passagem" seria essa, para que o povo hebreu a recordasse com tanto empenho e para que os judeus da atualidade conservassem sua memória por tão longo tempo?

O ritual da Páscoa conserva a lembrança da passagem do anjo libertador, na noite em que foram mortos os primogênitos dos egípcios. Disse Javé: "Quando seus filhos perguntarem 'que rito é este?', vocês responderão: 'É o sacrifício da Páscoa de Javé'. Ele passou no Egito junto às casas dos filhos de Israel, ferindo os egípcios e protegendo nossas casas" (Ex 12,26-27).

Essa foi a "passagem", *pessach,* ou Páscoa dos judeus, até hoje comemorada todos os anos.

Jesus Cristo, que muito respeitava todas as celebrações de sua religião judaica, também festejava a Páscoa. Foi o que ele fez, às vésperas de sua morte, ao cear com seus discípulos nos arredores de Jerusalém.

Julgado, condenado à morte na cruz e sepultado em seguida por alguns amigos, Jesus ressuscitou três dias após, em um domingo, logo depois, portanto, da Páscoa judaica. Os cristãos, a partir daí, também passaram a comemorar a Páscoa, a Páscoa da Ressurreição de Jesus, que também era uma "passagem": a passagem de Jesus da Terra para o céu, da vida terrena para a vida junto ao Pai, a passagem de Jesus para o Reino de Deus.

O CÍRIO PASCAL

Círio é uma vela grande e grossa que se acende todos os anos, pela primeira vez, no sábado da Vigília Pascal. Essa vela, em geral, permanece nas igrejas católicas junto ao altar-mor, por quase todo o ano.

O círio pascal representa a luz de Cristo, pois o próprio Jesus disse: "Eu sou a luz do mundo!". No círio há duas letras gregas — o alfa e o ômega —, respectivamente as primeira e última letras do alfabeto grego. O alfa representa o princípio e o ômega, o fim, uma vez que Jesus falou também: "Eu sou o princípio e o fim".

Na grande vela, há ainda a indicação dos quatro algarismos do ano que está em curso, simbolizando a presença viva de Jesus junto a todos os povos do mundo, com união de fé e de esperança.

O FOGO NOVO

No início da cerimônia da Vigília Pascal, na noite do Sábado Santo, o círio pascal é levado pelo padre (ou padres) para fora da igreja, junto à porta.

Enquanto isso, apagam-se todas as luzes do templo e o povo, com velas nas mãos, aguarda no escuro, em silêncio. Aceso o círio com o "fogo novo", o padre o leva para dentro da igreja e o apresenta aos fiéis como a "luz de Cristo", o "fogo novo" da Ressurreição.

Todas as velas que estão com as outras pessoas são acesas aos poucos no círio, até que todo o templo fica iluminado pela luz das velas, ou seja, pelo fogo novo do círio pascal.

Segue-se, então, a celebração da Vigília Pascal e, mesmo com as luzes acesas e as pequenas velas apagadas, o grande círio continua aceso até o fim da cerimônia.

O ÓLEO

O óleo também pode ser considerado um símbolo pascal. Na Igreja, ele é usado no sacramento da Crisma ou Confirmação. Quando adolescentes, recebemos esse sacramento para confirmar as promessas feitas por nossos pais e padrinhos no Batismo. O óleo utilizado nessa celebração chama-se crisma, enquanto o sacramento chama-se a Crisma. É também empregado no sacramento da Unção dos enfermos, para fortalecer o espírito dos doentes e levá-los à cura. E, ainda, no sacramento da Ordem.

É na Quinta-feira Santa que se celebra a missa do Crisma, na catedral, durante a qual o bispo e os sacerdotes abençoam os óleos sacramentais: o crisma, um óleo misturado com perfumes que simboliza o dom do Espírito Santo; o óleo para os catecúmenos; e o óleo para os enfermos, sinal da força libertadora do mal, que sustenta o espírito nas ocasiões de doença.

A ÁGUA

A água é, assim como o óleo, um outro símbolo da Páscoa. A água simboliza pureza, purificação, renovação.

Na Vigília Pascal (Sábado Santo), durante a celebração, o sacerdote faz a bênção da água batismal, quer haja quer não haja batismos. Para isso, às vezes, o sacerdote mergulha o círio pascal na água, invocando sobre esta a força do Espírito Santo. Com a água já benta, o padre poderá aspergir o povo presente e fazer uma oração, para que, ao recordar o batismo, todos possam renovar-se, permanecendo fiéis ao Espírito Santo.

A ALELUIA

Aleluia é uma palavra hebraica que significa "louvem o Senhor com alegria".

Muito usada nos salmos, aleluia passou a ser um grito de júbilo obrigatório para os cristãos na época da Páscoa.

Cristo ressuscitou. Sem dúvida, é uma imensa alegria ver Jesus voltar à vida após os tristes acontecimentos de seu julgamento, condenação e morte na cruz.

A Ressurreição é o que os cristãos recordam todos os anos no Domingo de Páscoa, dizendo "aleluia" com alegria e esperança: é um novo dia, um novo tempo, uma nova vida que chega. Jesus está vivo e estará para sempre no meio de nós. Aleluia! Amém! Aleluia!

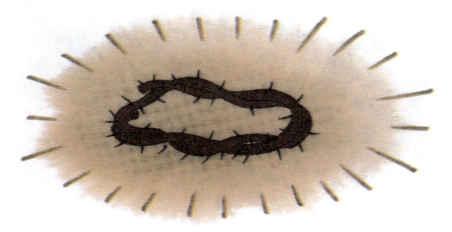

O TÚMULO VAZIO

A representação do túmulo vazio de Jesus, com seu sudário em um canto, evoca a Ressurreição, o Cristo ressuscitado, ausente do "local de morte", da escuridão do túmulo. Cristo venceu a morte ao ressuscitar dos mortos.

O túmulo vazio é um símbolo. Ele relembra aquele dia — o primeiro da semana, o domingo — em que três mulheres, pertencentes ao grupo de discípulos que seguia Jesus, foram ao túmulo com ungüentos e ervas para preparar o corpo do Mestre, segundo os costumes judaicos. Porém, ao chegar ao sepulcro, viram que a grande pedra que o fechava tinha sido removida, deixando a passagem livre. Entraram e constataram, então, que o corpo de Jesus não estava lá. Muito preocupadas e aflitas, saíram do sepulcro e viram dois homens com vestes brilhantes, que lhes disseram:

"Por que procuram entre os mortos aquele que está vivo? Jesus ressuscitou, como havia dito".

As mulheres, surpresas, mas com grande alegria, correram para dar a notícia aos apóstolos, que foram também até o sepulcro e comprovaram a ressurreição.

A POMBA PASCAL

As pombas são aves que sempre estiveram ligadas a episódios bíblicos.

Logo no início das Sagradas Escrituras, no livro do Gênesis, quando se conta a história de Noé e sua arca, a pomba é citada de modo especial. Após o dilúvio, quando as águas baixaram, Noé enviou uma pomba para certificar-se de que terras já estavam à superfície, possibilitando, pois, a vida fora da arca. Somente quando a pomba voltou com um raminho de oliveira no bico é que Noé teve a certeza de que poderia desembarcar.

Já no Novo Testamento, os evangelistas, ao falar do batismo de Jesus, dizem que o Espírito de Deus desceu sobre ele em forma de pomba.

Fora dos relatos bíblicos, as pombas sempre foram consideradas símbolos de paz, harmonia, fraternidade, amor e amizade.

Por tudo isso, a pomba, em geral de cor branca, é um dos símbolos da Páscoa, a chamada "pomba pascal". Com ela, enfeitam-se ambientes como casas e igrejas para a espera da grande festa cristã e fazem-se também bolos, biscoitos e confeitos na forma de pombinhas.

O OVO DE PÁSCOA

Os ovos de Páscoa são famosos no mundo inteiro. Os mais comuns são os ovos de chocolate, recheados com balas, confeitos e bombons. Mas há também ovos de Páscoa feitos com ovos de galinha ou de pata, substituindo-se seu conteúdo por doces em pasta. E existem ainda ovos de Páscoa de madeira, tão-somente decorativos, para o tempo pascal.

Todos os ovos de Páscoa são bonitos, coloridos e bem enfeitados. Os de chocolate são embrulhados em papéis brilhantes e atados com fitas; os de galinha ou pata, depois de "esvaziados", são pintados delicadamente com diversos motivos, antes de serem recheados com os doces, introduzidos nos ovos por um pequeno furo feito em sua casca; os de madeira são igualmente pintados com tintas fortes e variadas.

Mas qual será o significado dos ovos de Páscoa?

O ovo é um símbolo de vida nova, de vida que está para nascer; é um símbolo de começo. Daí sua associação à Páscoa: a Ressurreição de Jesus também indica o princípio de uma nova vida, a redenção da própria humanidade e a promessa de um futuro cheio de alegria e felicidade para os que têm fé e esperança.

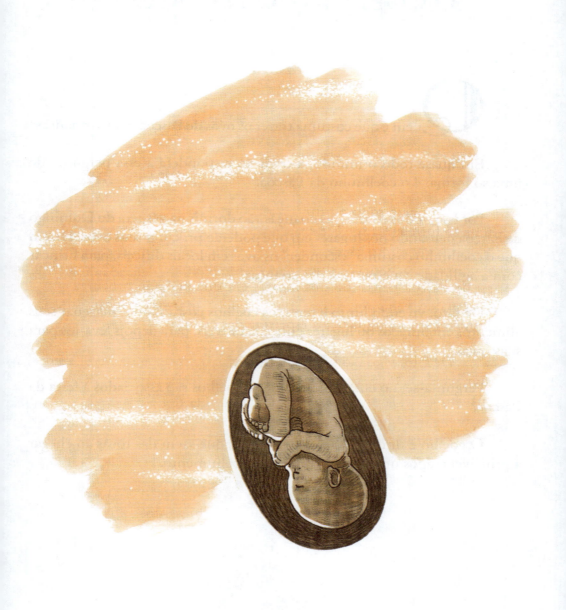

O COELHINHO DA PÁSCOA

Quem é que costuma trazer os ovos de Páscoa para as crianças?

Em quase todo o mundo, a tradição responderá a essa pergunta de uma só forma: é o coelhinho da Páscoa.

Por isso, todos os anos, as crianças vão dormir na véspera do Domingo de Páscoa pensando nos lugares em que poderão procurar seus ovos. Dizem que o coelhinho costuma "esconder" os ovos em locais difíceis, para brincar com a agilidade e a esperteza das crianças.

De fato, vivendo junto à terra, os coelhos costumam armazenar seus alimentos em buracos ou lugares pouco acessíveis, para depois levá-los para suas tocas.

Pergunta-se, no entanto: por que os coelhos são associados à festa da Páscoa?

O coelho é um dos primeiros animais que saem das tocas ao chegar a primavera, após um longo inverno de recolhimento.

Ora, no hemisfério norte, a Páscoa ocorre nos primeiros dias da primavera (para nós, que habitamos no hemisfério sul, a Páscoa é no outono), e os coelhos logo se põem a correr pelos campos verdes, salpicados de flores, dando, portanto, a idéia de renovação da vida, que parecia "morta" durante o inverno.

Além disso, os coelhos são animais que se reproduzem com extrema facilidade e em grande quantidade. Vem daí também a identificação com uma vida abundante, um processo de restauração, um ciclo que se renova todos os anos.

E é isto exatamente que se relembra na Páscoa: a Ressurreição de Jesus, que traz consigo um novo tempo de paz e de esperança a toda a humanidade.

OS RAMOS

Podemos dizer que a semana da Páscoa começa com o Domingo de Ramos.

A Festa dos Ramos relembra o dia em que Jesus entrou festivamente em Jerusalém, pouco antes de sua morte.

Jesus nascera em Belém, na Judéia, mas passara a maior parte de sua vida na Galiléia, em Nazaré, Cafarnaum e outras cidades, pregando sobre o Reino de Deus e divulgando sua doutrina de amor. Poucos dias antes de ser preso, julgado e condenado à morte, Jesus dirigiu-se a Jerusalém com seus discípulos, justamente para comemorar a Páscoa (a Páscoa judaica). Foi nesse dia que o povo o aclamou nas ruas, agitando no ar ramos de palmeira e oliveira, e gritando "Hosana (que quer dizer *Salve!*) ao Filho de Davi".

Por isso, atualmente, em muitos lugares, quando se desenha algo sobre a Páscoa, ou se faz uma decoração para essa festa, logo surgem como motivos principais as folhas verdes das palmeiras, símbolos pascais.

O LAVA-PÉS

Durante a Semana Santa, a quinta-feira é um dia muito importante, no qual se realiza uma celebração bastante significativa.

Nesse dia, relembra-se a última ceia de Cristo com seus discípulos, ocasião em que Jesus instituiu a Eucaristia, isto é, o pão e o vinho passaram a simbolizar seu corpo e seu sangue.

Mas foi também durante a última ceia que Cristo lavou os pés de seus discípulos. Pondo uma toalha na cintura, Jesus despejou água em uma bacia, começou a lavar os pés de cada um dos apóstolos e enxugou-os com uma toalha.

Jesus fez isso para dar uma lição de humildade, simplicidade, igualdade, amor e serviço aos irmãos, que nada mais é que a grande lição pascal.

O lava-pés é, pois, um símbolo, um exemplo. "Dei-lhes o exemplo para que, como eu fiz, assim façam também vocês. O servo não é maior que seu Senhor, nem o enviado é maior que aquele que o enviou" (Jo 13,15-16).

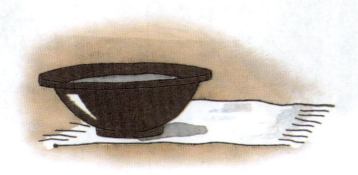

O PÃO

O pão é um símbolo sempre presente na Igreja. Ele aparece na decoração das paredes e altares dos templos cristãos e, muitas vezes, antes das celebrações, o pão é levado *in natura* até o altar-mor (pão *in natura* quer dizer pão verdadeiro, ao natural).

O pão simboliza o corpo de Jesus. Foi um dia antes de morrer que Jesus, ao comemorar a Páscoa com seus companheiros, naquela que foi sua última ceia, tomou o pão, benzeu-o, partiu-o e deu-o aos seus discípulos, dizendo: "Tomem e comam. Isto é o meu corpo".

Em outra ocasião, após sua Ressurreição, Jesus repetiu o gesto de partir e repartir o pão. Foi na ceia em Emaús, juntamente com os dois discípulos que não o reconheceram na estrada, durante a viagem para aquela cidade. Ao tomar o pão, abençoá-lo e reparti-lo na mesa, os dois o reconheceram imediatamente.

Muitas vezes, o pão é também representado por um maço de espigas de trigo.

O VINHO

Assim como o pão representa o corpo de Cristo, o vinho simboliza seu sangue.

Foi na mesma última ceia, pouco antes de ser preso e levado a julgamento, que Jesus consagrou o vinho como seu sangue.

Após dizer que o pão simbolizava seu corpo, Jesus tomou o cálice com vinho, deu graças a Deus e o deu a todos os discípulos, dizendo: "Bebam deste cálice vocês todos, porque isto é o meu sangue, o sangue da Nova Aliança, derramado por muitos homens em remissão dos pecados".

"Nova Aliança" significa novo acordo, um novo "contrato" que Deus fazia com os homens. Antes, Deus já havia feito uma primeira aliança com o povo: no Antigo Testamento, fala-se dessa antiga aliança, selada pelo sangue das vítimas oferecidas em sacrifício. A Nova Aliança de Jesus com os homens seria selada com o próprio sangue de Cristo, que se ofereceu como vítima, sacrificando-se pelo gênero humano.

O vinho é, às vezes, representado por um cacho de uvas.

O CORDEIRO

O cordeiro é o mais antigo símbolo da Páscoa. Ele foi o símbolo da Primeira Aliança entre Deus e Moisés. O cordeiro foi, por assim dizer, o instrumento da instituição da Páscoa.

Quando, após um longo período de escravidão, o povo hebreu estava para ser libertado do domínio egípcio, o Senhor disse a Moisés e a seu irmão, Aarão:

"Cada um de vocês deve tomar um cordeiro por família e, no décimo quarto dia do primeiro mês do ano, levá-lo para ser imolado na hora do pôr-do-sol. Então, com o sangue do cordeiro, molharão os batentes das portas de suas casas. E depois comerão sua carne assada no fogo com pães sem fermento e ervas amargas. Naquela noite, passarei pelo Egito e exterminarei todos os seus primogênitos. Só não serão atingidas as casas que estiverem com o 'símbolo do cordeiro': ao ver o sangue nas portas, vocês serão protegidos e não serão atingidos pela destruição da morte".

E o Senhor acrescentou, concluindo: "Vocês devem conservar a lembrança desse dia, celebrando-o com uma festa em honra do Senhor. E farão isto para sempre, pois essa é uma instituição perpétua" (Ex 12,1-14).

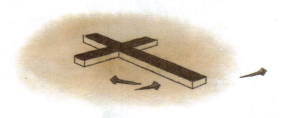

Era essa festa da Páscoa que Jesus, muito tempo depois, estava celebrando com seus discípulos na noite da Quinta-feira Santa. Ao instituir a Nova Aliança, Jesus disse que o pão simbolizava seu corpo e o vinho, seu sangue, mas que o cordeiro era ele próprio, com seu sangue derramado na cruz, como vítima oferecida em sacrifício pela humanidade.

A CRUZ

A cruz, instrumento de suplício no qual Jesus morreu, passou a ser um símbolo do cristianismo e também um símbolo da Páscoa.

A cruz, na Páscoa, relembra que Jesus venceu a morte e, glorioso, passou a viver seu Reino de justiça e de paz, onde toda a humanidade de fé terá seu lugar. Jesus, porém, não é um Deus distante de seu povo. Ele está sempre muito próximo dos que nele crêem. Ele está, na verdade, dentro de cada um, em total comunhão espiritual com seus fiéis.

A cruz não foi um tipo de condenação especial para Jesus. Naquele tempo, a morte na cruz era um castigo comum entre os romanos, que então dominavam também a Palestina. Jesus foi crucificado entre dois ladrões, com a diferença de que estes foram amarrados às suas cruzes e Jesus, pregado.

Morrer na cruz era algo humilhante para os condenados, pois, além de ficarem com os corpos expostos publicamente, apenas os mais hediondos crimes eram punidos com tal pena.

Jesus, ao morrer na cruz, deu à humanidade mais uma lição de humildade: sendo Filho de Deus, que tudo pode, ele morreu da forma mais vergonhosa que havia em seu tempo.

Rua Dona Inácia Uchoa, 62
04110-020 – São Paulo – SP (Brasil)
Tel.: (11) 2125-3500
http://www.paulinas.com.br – editora@paulinas.com.br
Telemarketing e SAC: 0800-7010081